Land Land Land
여행 A to Z

Land Land Land

MIYOKO OKAO
A TO Z

여행을 그려본다.
혹은 느긋하게 떠올려본다.
그럴 때가 가장 즐겁다.

contents   KHABAROVSK
                                       AUG.

Air plane   006
Beyond price   012
Comfort room   016
December   022
Essentials   024
Farmers' market   030
Greenland   036
Honey   038
Ice cream   042
Junk   050
Key holder   054
Land Land Land   056
McDonald's   058
Nordic   064
 ~~Norway~~   066
 ~~Denmark~~   068
 ~~Sweden~~   070
 ~~Iceland~~   072
 ~~Finland~~   073
Omiyage   074
Pancake place   078
Quiet   082
Russia   084
Sweets   094
Tea time   098
U.K.   102
Very   110
Windows   114
X   116
Yum-yum   118
Zoo   122
Appendix   131
Epilogue   140

A 006

Air plane

A 007

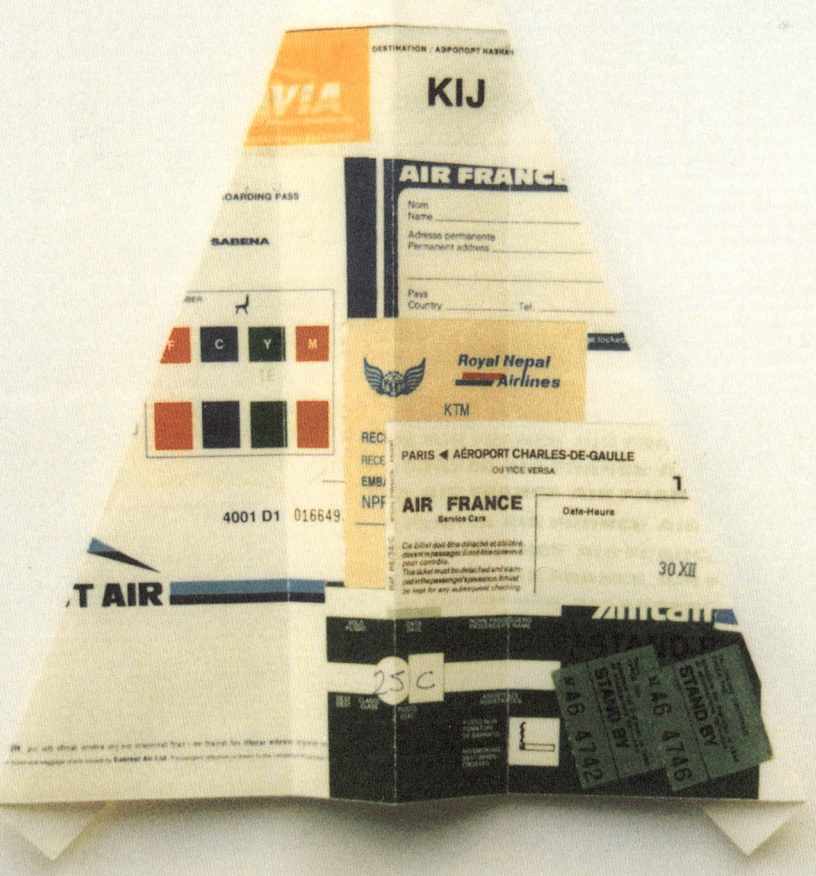

A 008

비행기가 좋다

비행기가 좋다. 그저 마냥 좋다.
비행기를 보고 있기만 해도 신이 난다. 어린아이같지만.
두근두근 설렌다. 하늘을 날고 있다는 실감이 들 때는 더욱.
층층이 쌓인 구름을 내려다보거나 그 속을 가로지르거나
활짝 갠 하늘을 날아가거나 하면서.
지상에는 존재하지 않는 세계에 놀라고 마음을 빼앗긴다.
새파란 하늘을 빨갛게 물들여가는 새벽하늘. 새빨간 저녁노을.
하늘의 빛깔과 밝은 빛이 자아내는 아름다움을 한동안 넋을 잃고 바라본다.
비행을 하는 동안 창 밖에는 이런 세계가 줄곧 펼쳐진다.
하늘 여행은 이토록 즐겁다. 그래서 비행기가 더없이 좋다.

KHABAROVSK AIRPORT:
KHABAROVSK
AUG.

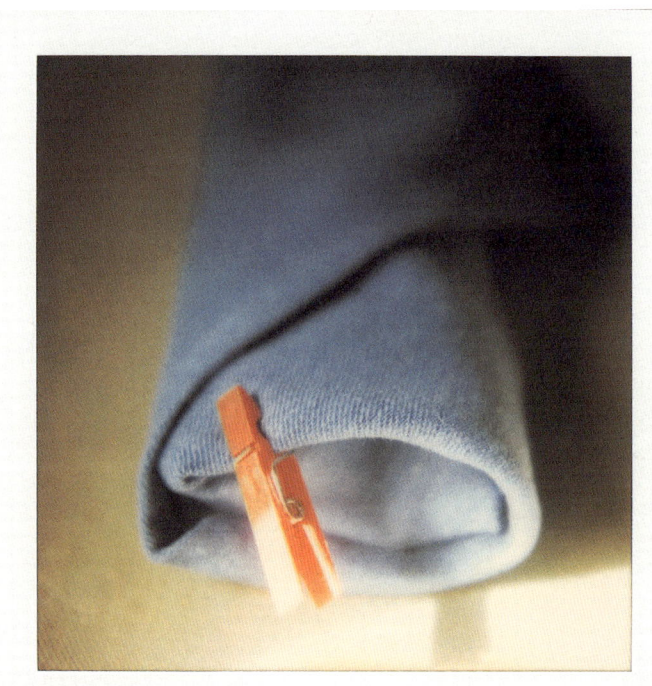

RED CLIP:
SCANDINAVIAN AIRLINES
SEP.

上 · 비즈니스 클래스에서 제공되는 나이프는 냅킨(단춧구멍이 있어서 셔츠의 단추에 끼울 수 있다)으로 감싸서 빨간 미니 집게로 고정했다. p.11의 (1), (2) 소금 & 후추(빨강 · 파랑)와 설탕(하양)에는 모두 시와 같은 글이 적혀 있다. (3) 꼬리표도 미묘하게 다르다. (4) 코펜하겐의 공예 박물관에서 구입한 스칸디나비아 디자인의 책. 표지가 예전 스칸디나비아 항공 SAS의 기내식 세트다. (5) 현재 비즈니스 클래스에서는 '로열 코펜하겐Royal Copenhagen'의 도기, '조지 젠슨Georg Jenson'의 나이프와 스푼과 포크, '오레포스Orrefors'의 유리 제품을 사용한다. 스칸디나비아를 대표하는 3대 브랜드 상품이다.

1 2 3
4 5

스칸디나비아 항공기를 타다

스칸디나비아 항공기 SAS를 탈 때마다 이러한 생각을 한다. '쾌적함'이란 바로 이런 거구나.
사람마다 어떤 '쾌적함'을 추구하는지는 다르겠지만, 나는 직업 탓인지(?)
우선 '눈'으로 느끼는 '쾌적함'을 추구하게 된다.
그런 의미에서 스칸디나비아 항공기는 쾌적함의 수준이 매우 높다.
좌석이나 담요와 같은 기내의 직물, 객실 승무원의 제복, 기내식(+ 접대 방식),
커피포트, 각설탕에 이르기까지 '쾌적함'이 물씬 풍긴다.
어느 것이나 조심스럽지만 기능적이고 조화로운 디자인이다. 역시 북유럽. 디자인의 나라.
서비스도 마찬가지다. 빈틈없는 서비스지만 결코 강요하는 인상이 없다.
승무원의 미소와 태도도 산뜻해서 기분이 좋다.
그래서 승객이 쓸데없이 긴장하지 않아도 된다.
(지나친 서비스에 지쳐버렸던 이상한 경험이 있다)
서비스도 디자인도 균형이 중요하다.
스칸디나비아 항공기를 타면 항상 이러한 깨달음을 얻는다.

B 012

STOCKHOLM
JUN.

Beyond price

어째서 여행이 좋은 걸까

때때로 이런 생각을 한다. 어째서 여행이 좋은 걸까.
기분전환, 현실도피, 새로운 출발에 대한 기대(정말?),
혹은 '그저 낯선 곳에 가보고 싶다는 호기심'.
번뜩 떠오르는 이유를 몇 가지 나열해보니 꽤나 소극적인 이유가 많아서
나 스스로도 놀라게 된다. 곰곰이 생각해보면 여행을 떠나고 싶은
가장 큰 이유는 잊혀지지 않는 '풍경'에 있는 것이 틀림없다.

몇 번이고 몇 번이고 떠오르는 인상적인 '풍경'이 종종 있다.
스톡홀름 근교도 그 중 하나다. 여름에도 차가운 바람이 불어서 쌀쌀하다.
바람소리는 들리지만 매우 조용하다. 바다도 잔잔해서 고요하고 평화롭다.
북스코틀랜드의 꼭대기에 자리한 마을로 향하던 도중,
내가 탄 열차가 커다란 무지개 사이를 빠져나가던 그 순간.
이토록 설레도 좋을까 싶었다.
이렇게 마음이 흔들린 경험은 좀처럼 없었다.

가슴에 남은 '풍경'은 뜻밖에도 일상 속에서 되살아난다.
그럴 때면 그만 힘이 빠진다(탈진한다는 의미가 아니라).
기분이 사뿐히 가라앉는 것이다.
마음이 윤택해진다.

도시에 살고 있으면 무엇이든 돈으로 구입하거나 해결할 수 있지만
상상조차 할 수 없었던 멋진 '풍경'을 만나는(그리고 기억에 깊이 새기는) 것은
역시 여행에서만 가능한 일이다.
상투적인 표현이기는 하지만 여행에는 '결코 돈으로는 살 수 없는 풍경'이 있다.
일정표에는 적혀 있지 않은 예측하지 못한 일. 이런 일이 여행의 묘미이며
이런 장면('풍경'이라고 부르지만)을 만나기 위해
여행을 떠나는 것이다.
무거운 짐을 '영차!' 하고 짊어진 채.

MOSCOW SEP.

'멋진 찰나'
눈이 마주치자 냉큼 달려온 고양이. 야옹.

C 016

THE PRINCE

2 ACLAND STREET ST KILDA
MELBOURNE AUSTRALIA

Comfort room

RADISSON SAS HOTEL SAGA

HAGATORG 1
REYKJAVIK ICELAND

T 354 552 9900
F 354 562 3980

CITY HOTEL

19 SKIPPERGATEN
OSLO NORWAY

T 47 2241 3610
F 47 2242 2429

"Russia" Hotel

6ул.Варварка.6
MOSCOW RUSSIA

上·노르웨이 오슬로에서 머문 '시티City'는 왠지 노인이 많은 호텔이었다. 아침에 일어나면 옆방에서 휘파람 소리가 들렸다. 이어서 기분 좋은 노랫소리도. 결국 벽이 얇다는 것이지만, 휘파람 소리도 노랫소리도 어쩐지 행복한 기분을 들게 했다. 下·요금이 저렴할 듯하지만 실제로는 결코 저렴하지 않은 '러시아Russia'는 우는 아이도 뚝 그친다는(?) 초대형 호텔. 객실이 무려 5,500개라니! 상상이 가는가?

※ 러시아를 여행하고자 할 때는 일반적으로 비자를 취득하기 위해 국내에서 미리 러시아의 호텔이나 교통수단 등의 요금을 지불한다. 따라서 이 두 호텔에 머물고 싶다면 직접 연락하지 말고 여행사를 통해 예약하는 것이 좋다.

싼 호텔이라도 좋다

'호텔 경영'이라는 큰 야망을 품고 있는 나에게 호텔은 언제든 흥미가 솟아나는 존재다(참고로 내 호텔의 1층에는 도넛 가게를 둘 예정이다). 그래서 종종 생각한다. 호텔에서 가장 중요한 요소는 무엇일지. 물론 돈을 많이 지불하면 쾌적한 방에서 머물게 될 확률은 높아진다. 하지만 기대가 큰 만큼 실망도 클 수 있다. 가격을 떠나서 편하게 머물 수 있는 호텔이란 대체 어떤 호텔일까? 마음에 들었던 호텔을 떠올려보면 대부분 방이 매우 깨끗하고 밝았다. 창문이 있으면 더욱 좋다. 여기에 침대 매트리스가 튼튼하고 방 분위기가 멋지면 더할 나위 없이 좋겠지만, 무엇보다 중요한 것은 방이 깨끗하고 밝아야 한다는 점이다. 싼 호텔이라도 이 두 가지 조건이 충족되면 그곳은 나에게 좋은 호텔이 된다. 확실히.

디자인 호텔은 만만치 않다

솔직히 말해서 디자인 호텔에 머물게 되면 살짝 긴장하게 된다. 예전에는 오히려 기대하는 편이었지만 여러 군데에 머물러보고 깨달았다. 디자인 호텔은 성공과 실패의 차이가 크다는 사실을. 자신에게 맞으면 매우 쾌적하지만 자신에게 맞지 않으면…… 확실히 씁쓸해진다. 물론 개성을 내세우고 있으니 특징적이고 파격적인 '디자인'을 선보이는 것은 당연하지만(호텔 선택에 앞서 '디자인'의 경향은 알아두어야 한다) 문제는 '편리함'이다. 호텔로서의 '의식'이나 '배려'가 부족한 곳에 머물게 되면 매우 불편해진다. 하지만 실제로 머물러보기 전에는 정확히 파악할 수 없으므로 때로는 기도를 하기도 한다. '부디 좋은 호텔이기를' 바라며.

HOTEL BIRGER JARL

TULEGATAN 8
STOCKHOLM SWEDEN

T 46 8 674 18 00
F 46 8 673 73 66

'호텔 비르예르 얄Hotel Birger Jarl'은 8명의 스웨덴 디자이너들의 손에서 탄생한 11개의 방으로 화제가 된 호텔이다. 이곳은 성공을 거둔 디자인 호텔로 손꼽힌다. p.20의 사진은 일본에서도 인기를 모으고 있는 토마스 산델이 담당한 709호실의 모습이다. 상단 · 먹물로 칠한 듯한 물방울무늬의 방도 있다. 가운데 사진은 스웨덴의 콘센트. 사람 얼굴처럼 보인다. 하단 · 구석구석에 북유럽 특유의 청결감이 감돈다.

December

D 023   CENTRAL PARK: N.Y.C.
        DEC.

겨울 여행

12월생이라서 그런지 나는 계절 중에 겨울이 가장 좋다.
숨을 토해낼 때마다 새하얗게 변하는 것이 즐겁다.
공기가 팽팽하게 죄어드는 것이 즐겁다.
목도리를 둘둘 말고 주머니에 손을 찌른 채 걷는 것도 즐겁다.
"추워, 추워, 진짜 추워"라고 주문처럼 중얼거리는 것도
정말 즐겁다.
이처럼 겨울을 좋아하는 내 마음은 도쿄가 아무리 추워도
더욱더 추운 곳으로 가고 싶어한다. 예컨대 뉴욕N.Y.이라든가
마천루 옥상에 조용히 끊임없이 내리는 눈이나
코도 귀도 떨어져버릴 정도의 추위를 원하는 것이다.
연못이 꽁꽁 언 센트럴 파크. 눈 위에 또렷이 새겨진 발자국.
이런 광경을 떠올리고 있으면 '어서 떠나자'라는 생각에 몹시 초조해진다.
이런 기분을 어떻게 설명하면 좋을까.
나 스스로도 알 수 없으니 막연히 '겨울에 사로잡히는 기분'이라 해두고 있지만
그래서일까, 나의 여행은 12월이 많다.

ps :
겨울 풍경을 바라보며 아늑한 곳에서 따끈따끈한 차를 마시는 것 또한 즐겁다.

Essentials

```
1) dictionary         □
2) grooming kit       □
3) clock & eye mask   □
4) room shoes         □
5) travel diary       □
6) pouches            □
7) tote bag           □
```

여행을 거듭하는 사이에 필요한 물품과 불필요한 물품이 차츰 나누어졌다.
사각 자명종 시계, 작지만 유용한 사전, 튼튼한 토트백.
모두 소중한 동반자가 되었다. 애초에 좋아하는 형태나 소재로 고르기도 했지만
여행을 함께하면서 정이 한층 깊어졌다.

(1) '젬GEM'의 사전. 작지만 완벽하다는 평판이 자자하다. (2) 칫솔통과 비누통은 알루미늄 제품. 샴푸 세트는 '이솝Aesop'의 여행용 사이즈. (3) '브라운Braun'의 자명종 시계. 평상시에도 신세를 지고 있다. 아이마스크는 멋이 없어서 몹시 싫어했는데 한번 사용해보니 잠이 잘 와서 '필수품 리스트'에. (4) 실내화는 중국제. (5) '스마이슨Smython'의 여행용 노트. (6) 헝겊 파우치는 여러 장을 준비. 속옷이나 양말을 분류하는 데 용이하다. (7) 트렁크에 예비로 가방을 넣어두면 쇼핑을 하다가 짐이 늘어났을 때 편리하다. 나는 '마리메코Marimekko' 토트백을 상비한다.

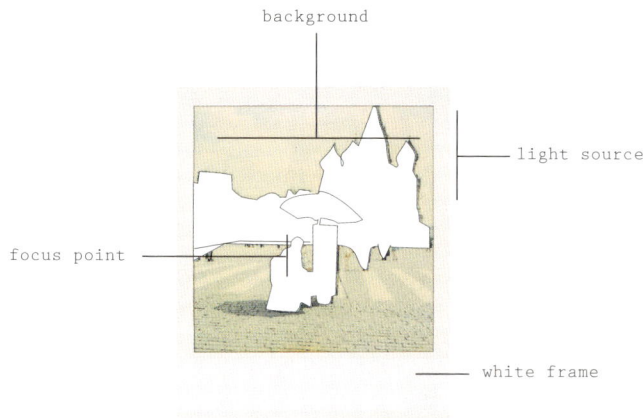

background
light source
focus point
white frame

8) polaroid □

애용하는 '폴라로이드 690'과 접사 렌즈(애정을 담아 '접사군'이라 부르고 있다), 삼각대, 그리고 저렴한 '5상자 세트'의 필름. 이들이 여행을 위한 '더 폴라로이드 세트'다. 폴라로이드 카메라는 무거워서 상당히 부담이 되지만 이 필름의 사이즈와 색상을 좋아하니 어쩔 수 없다. 더 가벼워지면 좋을 텐데(흑흑).

MOSCOW JUN.

초여름의 모스크바 붉은 광장. 세계적으로 유명한 관광지답게 기념 촬영을 해주는 폴라로이드 사진사가 많았다. 기념 삼아 엘튼 존과 비슷한 선글라스를 쓴 아주머니에게 한 장을 부탁했다(우측 아래, 의기양양한 얼굴을 하고 있는 사람이 나). 아주머니의 카메라는 '스펙트라Spectra'였다. 아주머니가 찍어 주신 사진은 플래시까지 터트리며 깔끔하게 마무리되었다. 내가 찍은 사진은 평소와 다름없이 흐릿했다. 아주머니에게 보여주었더니 '아직 멀었네'라는 얼굴이었다. ……이것도 하나의 기념이 될까?

F 030

FERRY PLAZA FARMERS' MARKET
SATURDAYS 8-1:30

F 031   SAN FRANCISCO
         MAR.

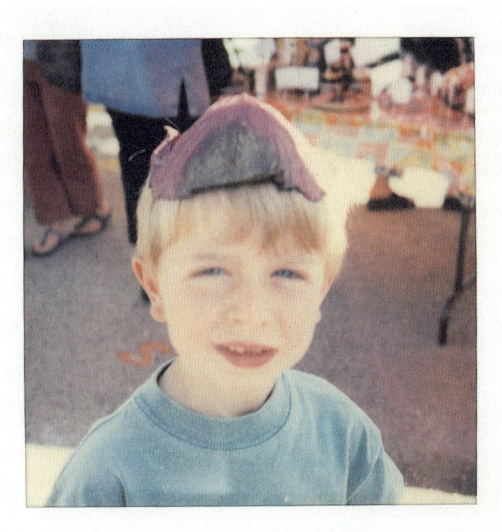

Q1 : 이 남자아이가 머리에 쓰고 있는 것은 무엇일까?

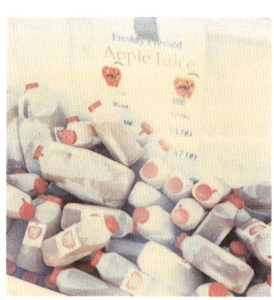

p.30 · 시장의 표지판 사진
上 · 기린무늬 티셔츠를 입은 여자아이.
左 · 내가 좋아하는 사과주스. 데워 먹어도 맛있다.

A1 : p.31의 답은 보라색 양배추다.
"사진 찍어도 되니?"라고 물었더니 이런 굳은 미소로 답했다. 에헤헤.

上 · 아침에 갓 딴 신선한 베이비 아티초크.
기린무늬 티셔츠를 입은 여자아이의 가족
도 샀다. 색이 정말 예쁘지 않은가!

右 · 과일의 종류도 풍부하다.
특히 사과는 작고 시큼하고 먹기 편해서 좋
다.

上 · 테이블보 위에는 신선한 채소가 놓여 있다.
左 · 각자 자신의 '장바구니'를 가지고 있다.
p.35 左 · 가운데 여성이 어깨 위에 얹고 가는
것은 잎이 무성한 인삼 다발이다!
p.35 右 · '샌프란시스코'다운 풍경.

파머스 마켓은 매주 토요일
오전 8시부터 오후 1시 30분까지 열린다.
장소는 피셔맨즈 워프 근처,
피어 15 부근이다.

만약 샌프란시스코에 가게 된다면 무슨 일이 있어도, 반드시, 꼭 토요일을 일정에 넣기 바란다. 토요일은 파머스 마켓이 열리는 날이기 때문이다. 파머스 마켓을 빼놓고는 이 거리를 말할 수 없다. 이렇게 멋진 마켓은 절대로 놓쳐서는 안 된다. 여기에서 팔리는 식품은 주로 인근의 농장주들이 직접 재배한 유기농 채소와 과일이다. 어느 것이나 신선하고 생생하다. 살이 두꺼운 말린 과일이나 천연 벌꿀도 살 수 있고, '애크미 브레드 Acme Bread'에서 파는 유명한 샌드위치도 살 수 있다. 2001년 3월에 이곳에 들렀을 때는 샌프란시스코 시내에 있는 프렌치 스타일의 크레이프 가게에서 파는 맛있는 슈가 & 버터 크레이프도 살 수 있었다. 이 마켓을 방문할 때마다 여기에 사는 사람들의 음식에 대한 높은 의식과 풍족한 토지가 부러워진다. 그렇지만 이토록 풍요로운 식품을 눈앞에 두고도 과감하게 살 수 없어서 몹시 원통해지기도 한다(호텔에서는 요리를 할 수 없으니까). 나도 모르게 이를 악물게 된다. 이때만은 여행자의 신분이 서글퍼진다.
그래서 매번 같은 생각을 하고 만다. '이런 마켓이 있는 거리에서 한번 살아보고 싶어!' 라고.

Farmers' market

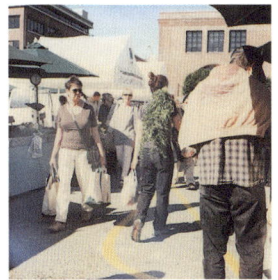

G 036

GREENLANDAIR:
IN COPENHAGEN
AIRPORT
JUL.

Greenland

최종 목적지

'Land 일주'(항목 L 참조)의 최종 목적지는 분명 여기다.
언젠가는 반드시 가고 싶은 나라. 아, 동경하는 그린란드.
대체 그곳은 어떤 곳인가.
손 안에는 《론리 플래닛Lonely planet》의 그린란드 편과
코펜하겐 공항에서 찍은 그린란드 에어Greenland Air의 폴라로이드 사진 한 장.
이들을 바라보면서 잠시 공상 여행을 한다.
아득한 북쪽의 '녹색 나라'를 그려본다.

Honey

포장에 끌려서 사기 시작한 벌꿀은
어느 새 '여행에서 반드시 사는 물품'이 되어버렸다.
'나에게 주는 선물'이라고 스스로에게 변명을 하면서.
무거우니까 한 번에 한 개씩이라 정하고 끙끙거리며 고른다.
이렇게 세계 각지에서 모은 벌꿀은
입도 대지 않고(가끔 예외는 있지만) '벌꿀 상자'라고 부르는 상자에 담아둔 채
친하게(?) 지내고 있다.

'벌꿀 수집가'로서 내가 벌꿀을 고르는 기준은
포장에서 달콤하고 끈적끈적한 이미지가 생생하게 전해지는가이다.
말하자면 벌꿀다운 벌꿀. 그런 벌꿀을 찾아 헤매는 것이다.
투르즈의 시장이나 시드니의 슈퍼마켓을
<u>흐느적흐느적</u>.

"BLACK & GOLD"
--Australian

"BLÅVITT"
--Swedish

Flavor:Buckwheat
--American

No Label
--Russian

"HOME"
"Clover Honey"
--American

"SOMMER HONNING FRA TOTEN"
--Norwegian

요즘 마음에 드는 '벌꿀(실은 포장)'은 슈퍼마켓의 오리지널 상품이다. 문자만 새겨져 있다든가 '색상으로 시선을 끄는 작전'을 내세운 깔끔한 디자인이 신선하게 보인다. 上·편리하게 짜 먹을 수 있는 용기가 특징적인 호주 벌꿀은 '블랙 & 골드Black & Gold'라는 슈퍼마켓의 오리지널 상품. 中左·스웨덴의 '브로비트BLÅVITT'라는 슈퍼마켓의 오리지널 상품. 투박한 느낌이 매력적이다. 中右·메밀 벌꿀. 은근히 독특한 맛. 요즘 내가 생각하고 있는 '벌꿀'의 이미지에 가장 가까운 병이다. 안타깝게도 라벨은 별로지만. 下右·앞에 있는 벌꿀은 신문 가판대처럼 보이는 오슬로의 식료품점에서 노란색의 단순한 라벨에 끌려서 샀다. 뒤에 있는 벌꿀은 하바로프스크의 시장에서 구입했는데 크림 타입으로 매우 깨끗한 색을 띠고 있다. 下左·뉴욕의 레스토랑 '홈HOME'의 오리지널 상품. 친구에게 받은 선물이다.

Ice cream

ST.PETERSBURG
JUN.

MOSCOW JUN.

ST.PETERSBURG JUN.

上 · 키릴 문자로 'мороженое' 라고 쓰고 '마로 노이' 라고 읽는다. 아이스크림이라는 뜻이다.

아이스크림에서 시작되는 여행도 있다

여행의 시작은 아이스크림.
무슨 소리인가 하면…… 후후.
아이스크림이란 여행의 스위치라는 의미다.
비행기를 타고 가는 경우, 탑승을 기다리는 동안
게이트 대기실에서 아이스크림을 먹는 것이 요즘은 습관이 되었다.
시간이 빠듯하면 매점에서 아이스크림('하겐다즈' 바닐라)을 사 들고 탑승한다.
그리고 이륙할 때까지 느긋하게 먹는다(얼마나 맛있는지 모른다).
원래 아이스크림을 몹시 좋아하기도 하지만
공항, 혹은 기내에서 먹는 아이스크림은 맛이 각별하다.
건조한 장소라서 차가운 음식이 맛있게 느껴진다는 면도 있지만
이 싸늘하고 달콤한 음식은 신기하게도 긴장을 풀어준다.
또한 '자, 지금부터 여행을 떠나자'라는 신호도 보내준다.
그러므로 아이스크림은 일상에서 여행으로 향하는 스위치인 것이다.

그렇게 된 계기가 있다. 코펜하겐에서 스톡홀름으로 향하는
스칸디나비아 항공기 SAS를 탔을 때 먹은 아이스크림.
예전에 이 구간의 기내식은 게이트에서 각자 좋아하는 음식을 선택해서 가지고 들어가는
셀프 서비스 방식을 취하고 있었다. 아이스크림도 반입할 수 있는 음식 중 하나였다.
그때 기내에서 먹는 아이스크림의 맛에 눈을 뜨게 되었다.
그리고 케이스에 그려져 있던 캐릭터에도 눈길이 갔다.
매력적인 에스키모 캐릭터.
그 이후로 아이스크림 캐릭터에 대한 흥미가 솟아나기 시작해서
지금은 새로운 캐릭터를 만나기 위한 여행까지 떠날 정도다.
……아무래도 아이스크림과 여행의 관계는 한층 깊어질 것 같다.

Lolli pop:

향수를 불러일으키는 '디플롬이즈DIPLOM-IS'의 롤리팝 아이스크림. 윗부분은 초콜릿 코팅이 되어 있어서 얼음의 아삭한 식감과 초콜릿의 바삭한 식감(사각사각할 정도는 아니다)을 즐길 수 있다.

OSLO SEP.

빨간 장갑에 노란 털로 된 올인원(?)을 입고 있는 이 아이 묘하게 씩씩한 느낌이 좋다.

KHABAROVSK
AUG.

아무르 강 부근에서. 꼬마야, 뭐 보는 거니?

I 047

REYKJAVIK JUN.

COPENHAGEN JUL.

에스키모와 파랑. 이것이 아이스크림에 대한 세계 공통의 이미지일까?

048

KHABAROVSK
AUG.

Junk

조잡하지만 묘하게 마음에 든다. 룰루랄라.
괴상하고 사랑스러운 녀석들. '잡동사니Junk'가 모두 집합!

오슬로에서 구입한, 사이좋은 난쟁이들이 그려진 앞치마. '이런 걸 왜 만들었지?'라고 생각하면서도 사버리는 나는 뭘까.

(1) 흐릿한 색이 예쁜 그릇은 모스크바에서 구입. (2) 정겨운 색조의 실. 왠지 가지고 싶어졌다. (3) '웩WECK'의 유리 용기는 가격이 40노르웨이크로네였다. 오슬로의 재활용 가게에서. (4) 향수를 자아내는 법랑 그릇은 러시아제. (5) 이것도 러시아제 고무 난쟁이. '삑'하고 소리를 낸다. (6) '아르코펄Arcopal'의 커피포트. (7) 어째서인지 무심코 사버린 물뿌리개. 모스크바의 시장에서. (8) 다람쥐 자석. (9) 토끼와 양 모양의 철 미니어처. (10) '부츠Boots'의 물통. 로고가 새겨져 있지만 살짝 흠집이 있다.

(1) 코펜하겐의 '퍼머넌트 디자인Permanent design'에서 발견한 법랑 갓. (2) 사슴 모양의 플라스틱 병마개. 특이하지 않은가! (3) 이 촌스러운 옷걸이들은 시드니의 프리마켓에서 샀다. (4) 샌프란시스코에서 구입한 '댄스크DANSK'의 캐서롤. 미국에서는 북유럽의 물건을 비교적 싸게 살 수 있다. (5) 째깍째깍 돌아가는 러시아의 자명종 시계들. (6) 낡은 고서. 수공예 전반에 걸쳐 다루고 있다. 표지의 강아지를 만드는 방법도 물론 소개하고 있다. (7) 케이스가 있는 폴라로이드 카메라는 레이캬비크의 벼룩시장에서 3,000엔 정도에 샀다. (8) 러시아제 실내화와 샌들. 싸다!

(1) 수제 벙어리장갑(표현이 귀엽다!)은 하바로프스크의 시장에서 아주머니에게 직접 샀다. (2) 손수 자수를 놓은 손수건. (3) 낡은 깡통은 무언가 깊은 정취를 풍긴다. (4) 노르웨이 디자인의 컵. 엉성하고 조잡한 느낌이 마음에 들었다. (5) 청초하고 귀여운 느낌의 포장지에 끌려서 구입. 내용물은 흰 종이 냅킨. (6) 러시아의 플라스틱 컵. 이런 것은 의외로 시크하다. (7) '브리튼 인 더 와일드Britain in the wild'의 손수건. 아기 여우의 눈동자에 두근두근. (8) 러시아의 할머니용 옷. 사이즈가 너무 커서 입을 수는 없지만 맘에 든다.

Key holder

관광지의 선물 가게나 기차역의 매점을 확인하는 것은 언제나 게을리하면 안 된다.
의외로 진귀한 물건이 있을지도 모르기 때문이다.
그 진귀한 물건이란 다름 아닌 '키홀더'다.
사실 키홀더는 저렴한 선물의 대명사이기도 하다.
(별칭으로 '더 프레젠트The Present' 혹은 '킹 오브 프레젠트King of Present'라고 불리기도 한다)
키홀더는 나의 비밀스러운 수집품이기도 하다.
어느 것이나 비슷하면서도 조금씩 달라서(미묘하지만) 제법 재미있다.
어설픈 물건이라도 진지하게 봐야 한다. 이것이 키홀더 수집가의 기본!
장난스러운 물건이야말로 키홀더의 진수를 보여줄 때가 있다(쿨럭).

사진 속의 두 키홀더는 베스트 컬렉션 1위와 2위다. 기름기 제거용 털 뭉치 키홀더는 스톡홀름의 민예품 가게에서 발견했다. 부츠 키홀더는 아이슬란드 레이캬비크의 선물 가게에서 발견. 세트로 장갑 키홀더도 있다. 항공사의 광고 상품이나 아이스크림의 판촉 상품도 마음에 들지만, 이 기세로 키홀더가 자꾸만 늘어나면 무섭지 않을까 싶어 조금 걱정스러운 요즘이다.

Land Land Land

여행의 중요한 테마

'Land 일주'의 계기는 아일랜드 여행이었다.
더블린에서 출발하여 아일랜드의 남서부를 2주일 정도 돌아다녔다. 기차와 버스를 몇 번이나 갈아타고 한참을 걷다 보니 녹초가 되고 말았다. 그렇지만 정말로 즐거웠다. 일행들과 스케줄을 짜고 기차와 버스의 시간표를 알아보고 티켓을 사고 숙박을 정하면서 나아갔다. '여행'의 왕도를 지키는 하루하루. 해야 하는 일과 목적이 확실한 여행은 매우 단순하다(여기서 '해야 하는 일'은 '여행을 계속하기 위한 준비'이고 '목적'은 '앞으로 나아가기 위한 동기'이다).
여행이 단순하면 마음에 여유가 생기는지 무언가를 흡수하기 쉬운 상태가 된다. 세상을 있는 그대로 받아들이는데다가 감정도 무척 솔직하게 내보낸다. 스스로 단순해지는 것이다. 여행의 이런 작용을 의식한 것도 이 여행이 처음이었다.
신기한 체험도 했다. 어느 시골의 작은 마을에서 마주친, 푸른빛 시폰 스카프를 두른 아주머니가 우리에게 "Welcome to Ireland, girls and boy"라고 인사한 적이 있다(헉! 여자만 세 명이었는데). 지금 생각해보면 이것이 정말로 있었던 일인가 싶기도 하다. 마치 꿈속에서 요정을 만난 기분이다. 그러고 보니 꼭대기에 있는 돌에 키스를 하면 웅변가가 될 수 있다는, 쓰러져가는 낡은 성에도 들렀구나(그 이후로 나는 가끔 웅변가가 되어버린다). 아일랜드에는 판타지가 가득했다(일 년에 한 번, 온 세상의 요정이 모두 모인다는 날도 있다고 한다. 우와!).
⋯⋯이 여행이 유별나게 즐거웠기 때문에 여행이라는 것에 열중하게 되었다. 여행을 마칠 무렵에 모두 꼭 다시 떠나자고 약속했다. 그리고 다음에도 역시 'Land'가 붙은 나라에 가기로 했다.
그 후 드디어 스코틀랜드와 잉글랜드에 갔다. 스코틀랜드에서는 네스 호수에 들러 네시(네스 호수의 전설적 괴물. 실제로 존재했는지는 미스터리로 남아 있다: 주)를 보고(거짓말!) 핀드혼(공동체 마을. 1962년에 피터, 에일린 캐디 부부가 불모지를 자연친화적인 대규모농장으로 바꾸었다: 주)을 찾아갔다. 잉글랜드에서는 주목을 받는 모던 브리티시 레스토랑을 돌아다녔다. 이렇게 해서 당연하지만 'Land'에는 각각의 개성이 있고 즐거움이 있다는 사실을 실감했다. 그렇게 되니 한층 'Land

일주'가 재미있어져서 더욱 욕심이 생겼다. 동행한 사람은 달랐지만 핀란드, 아이슬란드로 이어지는 여행 속에서 어느 샌가 'Land 일주'는 나에게 중요한 테마가 되고 말았다.

제대로 조사한 적은 없지만 'Land'가 붙는 나라는 대체 얼마나 있을까? 나라는 아니지만 'Island'도 랜드이기는 하니까 그것까지 합치면……. 눈앞이 캄캄하다(쓴웃음). 이게 과연 취미가 될까 아니면 필생의 사업이 될까? 어쨌든 시간은 많다. 흥미로운 장소도 아직 많다. 폴란드, 캐나다의 뉴펀들랜드, 그리고 그린란드. 나의 'Land 일주'는 앞으로 분명히 오래도록 이어질 것이다.

-----land

M 058

EDINBURGH
SEP.

갑작스레 내리는 비에 흠뻑 젖은 채로 올라탄 2층 버스에서 바라본 '맥도날드'. 간판을 보는 순간, 안심이 되었다.

EDINBURGH
SEP.

McDonald's

낯선 나라, 낯선 거리, 처음으로 방문하는 장소에서는 언제나 조금은 긴장을 한다.
그때 '맥도날드'를 발견하면 왠지 마음이 놓인다.
'괜찮아. 괜찮아. 여기에는 맥도날드가 있으니까 괜찮아' 라고.
'맥도날드'를 확인하고 나면 든든해진다.
그러고 보니 처음으로 간 러시아에서도 '맥도날드'는 강력한 아군이었다.
상트페테르부르크의 중심에서 조금 떨어진 주택가.
공항에서 호텔까지 택시를 타고 가니 느닷없이 한적한 교외에 도착해버렸다.
대체 어디인지도 모르겠고 들어갈 만한 카페나 레스토랑도 눈에 띄지 않았다.
어찌할 바를 몰라 헤매던 중에 '맥도날드'를 발견했다.
빨강과 노랑으로 물든 간판이 평소보다 더욱 반짝반짝 빛났다. 정말이다(흑흑).
하지만 치즈버거와 감자튀김과 콜라는 늘 익숙한 그 맛이었다. Thanks Mc!

M 063

 BERKELEY
MAR.

TAIPEI
JAN.

STOCKHOLM
OCT.

  OSLO
SEP.

COPENHAGEN
SEP.

  MOSCOW
SEP.

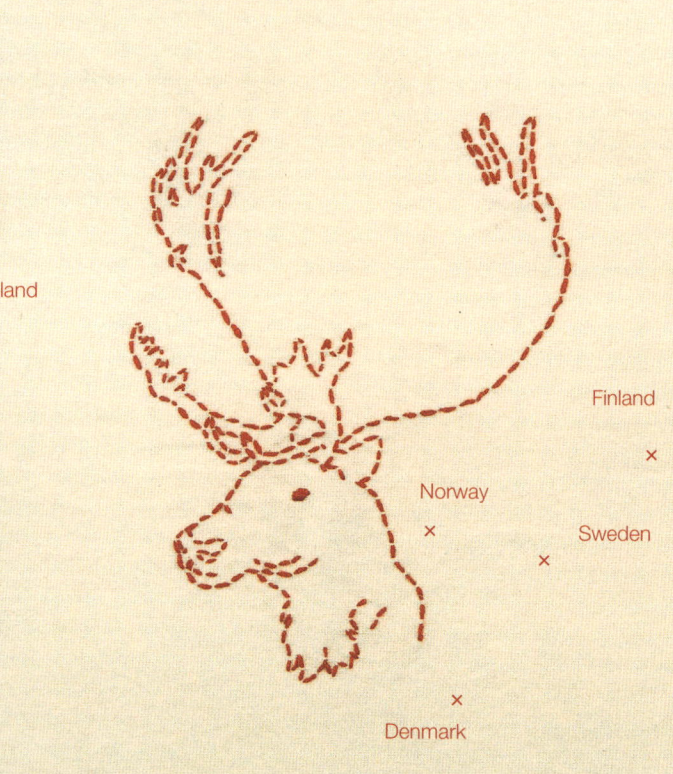

Nordic

북으로, 북으로

북유럽의 첫경험은 덴마크와 스웨덴이었다.
북유럽 디자인이 재조명되기 시작한 지 얼마 지나지 않았을 무렵으로 계절은 여름.
언제까지나 해가 저물지 않는 백야의 계절.
스톡홀름에서는 너무나 투명한 하늘 빛에 경악하고 너무나 부드러운 공원 잔디에 감격했다.

그 이후로 핀란드, 아이슬란드에 이어서 마침내 작년 가을에 노르웨이도 경험했다.
이렇게 일단 북유럽 5개국을 제패하게 되었다(여전히 얼마 되지 않지만).
어느 나라나 공통적으로 공기가 맑고(그래서 빛이 깨끗한 모양이다)
일상과 자연의 거리가 가깝다.
스톡홀름은 마치 공원 안에 있는 도시 같다.
북유럽을 여행하다 보면 나 자신의 일상을 둘러싸고 있는 자연이
너무나 인공적이라는 사실을 깨닫게 된다.
진정한 풍요로움이 무엇인지도 생각하게 된다.
중요한 것은 매우 단순할지도 모른다는 생각도.
북쪽 나라에 가면 풍요로움의 본질이 보인다.

(Norway)

구스타브 비겔란의 조각으로 유명한 프로그너 공원에서.
찰칵찰칵 사진을 찍고 있던 멋쟁이 할머니를 (몰래) 연속해서 촬영.

소리의 인상이 없는 나라

오랜만에 혼자 떠난 여행이라서 그랬나. 대화할 사람이 없었으니까.
그렇다고 해도 소리가 지나치게 희박했다.
물론 노면 전차의 소리나 버스의 소리는 있었다. 웅성거리는 사람들의 소리도.
내가 묵은 방에서는 항상 교회 종소리가 들렸다.
그런데도 거리의 인상은 무척 고요하다. 고객을 유혹하는 음악이나
귀에 거슬리는 기계음이 없기 때문이라는 생각도 든다.
어쩌면 자연이 소리를 들이마시고 있는지도 모른다.
거리가 작아서 조금만 멀리 나가면 녹색이 순식간에 늘어난다.
거리 안에 큰 공원도 있다. 바다도 가깝다.
산이나 나무가 조용히 소리를 들이마시는 것이다. 자꾸만 그런 상상이 된다.

RECOMMENDATION:
뭉크 미술관, 뷔그되이 반도행 페리(여름 한정), 프로그너 공원, 그룬네뢰카 지역. 이상은 모두 오슬로.

(Denmark)

'병정님'이라고 '님'을 붙여서 부르고 싶은 이 기분. 모두 아시려나?

빨강과 하트와 병정의 나라

귀여운 나라. 이렇게 말하면 화를 낼지도 모르겠다. 무턱대고 귀엽다고 해서는 안 된다고 생각한다.
하지만 이 나라는 정말로 귀엽다.
왜냐하면(이유를 검증해보자)
우선 동전에 하트 마크가 붙어 있다(하트라니, 돈에).
다음으로 '병정님' 모티프가 많다. 덴마크가 입헌군주제 왕국이기 때문이다.
국왕(현 국왕은 여성)이 사는 아말리엔보르 궁전에서는
까만 모자를 쓰고 파란 바지를 입은 위병이,
티볼리 공원(놀이공원이라고 무시하지 말기를. 티볼리 공원에 가면 즐거워진다)에서는
빨간 재킷을 걸치고 하얀 바지를 입은 소년 병정 악단이 매일 퍼레이드를 한다.
이 재킷의 빨강은 국기의 빨강. 고상하고 환상적인 빨강.
역시 귀엽지 않은가, 이 나라 정말로.

RECOMMENDATION :
밤의 티볼리 공원, 라디슨 사스 로열 호텔의 로비. 이 두 곳은 모두 코펜하겐. 그리고 근교의 클람펜보르에 있는 벨뷰 비치.

(Sweden)

투명한 빛의 나라

"여기 여름은 빛이 특별해요."
함께 일한 스웨덴 카메라맨이 알려주었다.
나도 동감한다. 믿을 수 없을 정도로 예쁜 빛이다!
(처음에는 경치가 너무 깨끗하게 보여서 시력이 좋아졌나 했다)
슬프게도 무언가에 깊이 감동하는 일이 줄어든 요즘,
마음을 흔드는 대상은 단연 자연이다. 하늘이라든가 구름이라든가 빛이라든가.
이런 단순한 대상이 오히려 가슴속에 깊이 파고든다.
첫 페이지에도 썼지만 이 빛은 나에게 충격을 주었다.
이 빛을 만나서 행복하다. 틀림없이 영원히 잊지 못할 것이다.

RECOMMENDATION :
스칸센 민속 박물관, 근대 미술관의 카페테리아, 스벤스크트 한트베르크(민예품 중심의 잡화점), 왕의 거리라는 뜻의 쿵스가탄 거리의 모던 맥도날드. 이상은 모두 스톡홀름.

N 071   STOCKHOLM
                                                                                                   JUL.

上 · 하늘이 노란 이유는 폴라로이드의 필름이 낡았기 때문이다. 실제로는 눈이 시릴 정도로 파랗다.
下 · 근대 미술관 Moderna Museet의 카페테리아. 북유럽은 셀프 서비스 문화다.

STOCKHOLM
APR.

귀여운 낙서. 작은 집의 마당 부근.

(Iceland)

신기한 일이 일어날 듯한 나라

설마 내가 아이슬란드에 갈 줄이야. 지금도 '아이슬란드'라고 하면
가장 먼저 이런 생각이 든다. 내가 그곳에 갔다니, 굉장한걸.
'정말로 존재하고 있나?' 라는 의문이 들 정도로 멀리 떨어진 나라.
(분명히 그 나라에서도 똑같이 생각하고 있을 것이다)
공항에서 레이캬비크 거리까지는 바위밖에 없는 풍경이 이어진다.
달이 이렇지 않을까 싶을 정도로. 우선 이런 모습에 압도되고 다음에는 하늘만 있는 풍경에 놀란다.
또한 너무나 소박한 사람들에게도 놀란다("이 나라에 계속 있으면 좋은 사람이 될 것 같아"라는 친
구의 발언이 그 증거).
사람도 장소도 모두 순수하다는 생각이 든다. 그래서인지 영적인 기운이 느껴지기도 한다.
정령이 있을 것만 같다. 신기한 일이 아무렇지 않게 일어날 것만 같다.
F.T. 프리드릭슨 감독의 영화처럼.

RECOMMENDATION :
레이캬네스 반도의 블루라군. 굴포스 폭포.

아이스크림 매점의 창문.
북유럽 사람들은 아이스크림을
상당히 좋아하는 모양이다.

(Finland)

아담한 디자인의 나라

헬싱키 거리는 작고 수수하다는 인상을 준다.
하지만 어딘가 통일되어 있는 분위기가 풍긴다.
눈에 들어오는 '위화감'이 적다고 표현하면 좋을까.
으음, 어렵다.
조심스럽지만 제대로 디자인이 되어 있다(디자인이 뛰어나다는 뜻).
북유럽 디자인의 공통적인 특징과 겹치는 부분이 있다고도 할 수 있다.
(참고로 나는 북유럽 디자인 중에서 핀란드 디자인이 가장 좋다)
'눈에 띄는 것만이 디자인은 아니다'라는 당연한 사실을
잊고 있었다는 느낌이……. 디자인이란 대체 어떤 걸까?
조심스럽고 점잖은 거리를 걸으면서 그런 생각을 했다.

RECOMMENDATION :
마켓 광장. 주발의 중앙역 뒤편의 프리마켓. 이 두 곳은 모두 헬싱키.

Omiyage

기념품. 일본어로는 '오미야게ぉ-みゃげ'. 여행지에서 사오는 선물은
조잡하고 단순하고 인공적인데다가 숙명적으로 저렴하다.
하지만 바로 그것이 매력이다. 도저히 무시할 수 없다.

모스크바의 괴상한 선물 가게의 봉투에 이런 마트료시카 프린트가.

1 1   2 3   4 ×4
 5   6 6   7
     8   9 9 9 9 9 9 9 9 9

(1) 향수를 자아내는 종이 냅킨은 하바로프스크에서 구입. (2) 모스크바에서 구입한 수첩. (3) 쁘띠 에펠탑. (4) 코펜하겐의 공항에 있는 서점에서 선물용으로 자주 사는 무당벌레 볼펜. (5) 빨간 타탄체크 우산은 에든버러에서 구입. (6) 양이 새겨진 스코틀랜드풍 손수건. 메에~. (7) 지금은 없는 '하드락 카페 모스크바'의 광고 티셔츠. 장난으로 입으면 귀엽지 않을까 해서 구입. (8) 스톡홀름의 '아이(information)'에서 산 집 모양 티코지. 환상적인 배색. (9) 소박한 마트료시카. 막내 녀석은 '근성!'이 있다. 훌륭하다. 하라쇼(очень, 러시아 어로 '매우'라는 뜻: 주)!

(1) 러시아제의 조악한 휴지는 수집가에게 줄 선물. (2) 쿠키 틀은 나를 위한 선물. 모으기 시작하면 끝이 없다. (3) 무당벌레 브로치. (4) 미니어처 병정님들. (5) 비틀즈 팬에게는 '더 비틀즈 북The Beatles BOOK'을 선물. 게다가 월간지다. 폴, 재혼 축하해요! (6) 러시아 호텔의 매점에서 구입한 플라스틱 빗. 이런 선물은 받아도 곤란하겠지만. (7) 로열 스튜어트 타탄체크 비닐백. 스코틀랜드풍! (8) 어린이용 치약. 나는 치약을 자주 선물한다. (9) 물방울무늬의 미끄럼 방지 양말.

$1^{\times 4}$　　$2\ 2\ 2$　　3

$4\ ^5$　　　6

$7\ 7\ 7$　　$8^{\times 15}$　　9

(1) 스웨덴풍 디자인의 달걀 스탠드. (2) 노르웨이에서 구입한 묘한 난쟁이 그림의 라이터. 이렇게 특이한 물건이 너무 좋다. (3) 오슬로의 프로그너 공원 매점에서 마주쳐버린 파란 눈동자의 양. (4) 사과 모양의 팬케이크 틀. (5) 코끼리 모양의 대형 쿠키 틀. (6) 집 모양 가방은 어린 친구를 위한 선물. 스톡홀름의 장난감 가게에서 구입. 장난감 가게에는 선물하고 싶은 물건이 가득하다. (7) 소녀다운 영혼(?)을 자극하는 양이 그려진 티슈. (8) 알파벳 비누. 마음에 드는 단어를 만들어서 선물해도 멋지다. (9) 프리마켓에서 산 '듀티 프리Duty Free' 가방에는 팬 아메리칸 월드 항공의 꼬리표가 붙어 있다. 야호!

SAN FRANCISCO
MAR.

Pancake place

팬케이크 플리즈

이 책을 쓰기로 했을 때, 가장 먼저 떠올린 것이 P의 항목이기도 하다.
'팬케이크 플레이스Pancake Place'는 스코틀랜드에 실제로 존재하는
팬케이크 체인점의 이름이다.
'팬케이크 플레이스라니 정말 멋진 이름이야!'라고 크게 감격했는데
작년 가을에 재회를 기대하며 에든버러에 갔더니
흔적도 없이 사라지고 말았다. 울먹울먹.

외국(특히 미국)에는 아침식사를 제공하는 가게가 있어서
아침을 먹으러 간다는 즐거움이 '여행'에 하나 더 더해진다.
맛있는 가게에는 반드시 맛있는 팬케이크가 있는데
동그랗고 촉촉하고 노릇하다.
눈앞에 놓인 따끈따끈한 팬케이크를 허겁지겁 먹는다.
버터도 메이플 시럽도 가득 뿌려서. 아, 이 얼마나 행복한 일인가.
그러므로 가게에 가면 나는 망설이지 않고 이렇게 말한다.
"커피랑 팬케이크 주세요."

샌프란시스코에 있는 유명한 가게.
하지만 이곳은 맛이 없다. 그래서 주소는 적지 않는다.

'팬케이크 플레이스'를 추억하며 티셔츠를 만들어보았다.

Q 082

Love & peace

Quiet

Russia

KHABAROVSK AUG.

MOSCOW JUN.

KHABAROVSK AUG.

MOSCOW JUN.

KHABAROVSK AUG.

꽃무늬와 할머니

빈번하게 여행을 다니다 보면 여행이 생활의 일부가 될 정도로 익숙해져서 설렘이 줄어들 때가 있다. 그런데 그런 착잡한 기분을 단숨에 바꿔준 것이 러시아 여행이었다.
이곳은 오랜만에 만난 '미지의 나라'였다. 눈에 들어오는 것은 무엇이든 매우 신선하게 비쳤다. 특히 시선을 사로잡은 것은 옷을 가득 껴입은 할머니와 정감 있는 꽃무늬 테이블보. 테이블보는 정체를 알 수 없는 자극적인 냄새가 나는 비닐 재질의 싸구려인데도 너무나 귀여워서 완전히 빠져들고 말았다(이 여행에서 돌아온 후, 다시 러시아에 간 이유는 이 테이블보를 사기 위해서였다).

러시아의 평범한 할머니들은 대체로 긴 코트를 입는다. 그리고 물방울무늬 스카프를 머리에 두른다(이를 '플라토크'라고 부른다). 바지는 결코 입지 않는다. 언제나 치마 차림이다. 카디건과 치마가 기본인 것이다. 멋을 부린 것인지 아니면 그저 겹쳐 입었을 뿐인 것인지 알 수 없는 사람들이 많지만, 모두 상당히 멋지다. 개성이 흘러넘친다.
하지만 스카프 할머니도, 조악한 테이블보도 결국은 사라질 운명이다.
새로운 할머니와 질 좋은 테이블보로 바뀔 것이다. 조만간 반드시. 서운하지만 어쩔 수 없다.
그러므로 다시 러시아에 가고 싶다. 그들이 자취를 감춰버리기 전에.

ST.PETERSBURG AUG.

MOSCOW SEP.

KHABAROVSK AUG.

장을 보고 돌아가는 스카프 할머니 부대.
사실 모습은 귀여워도 얼굴은 살짝 무섭다.
아저씨처럼 험한 표정에 고달픈 역사가 배어나는 듯하다.

MOSCOW
JUN.

Sweets

$$1 \; \overset{1\;1}{\underset{1}{1}} \; 1 \; 1 \; 1 \qquad\qquad 2\;2$$

$$3\;3 \qquad\qquad\qquad 4$$

$$5\;5* \quad 6\;6 \qquad 7^{\times 3}$$

(1) 나는 '덤'으로 끼워주는 과자에 약하다. 왼쪽은 플라토크 차림의 여자아이 모양 초콜릿. 백곰은 민트 초콜릿. 다람쥐는 견과류를 넣은 초콜릿. 모두 러시아 제품. 초록색 염소는 누가 초콜릿. 울긋불긋한 사탕은 모두 스웨덴 제품. (2) 동그란 눈이 달린 마지팬. 무서울까? (3) 뉴욕의 '엘레니스Eleni's'에서 구입한 쿠키. 사과(빅애플이니까)와 '아이 러브 뉴욕♡N.Y.'. (4) 샴록 쿠키 쿠키즈Shamrock Kookie Cookies. 무려 12cm에 이른다. (5) '마틸데Matilde'의 코코아 드링크. 최근 포장에 변화가 생겼다. (6) 스웨덴의 선물용 사탕. (7) 노르웨이의 소박한 순록무늬 쿠키.

(1) 영국의 대형 슈퍼마켓 '세인즈베리Sainsbury'의 오리지널 상품. (2) 신장 20cm의 거대(?)한 부활절 토끼. (3) 부활절 달걀이 담긴 바구니를 안고 있는 토끼 초콜릿. (4) 아이디어가 귀여운 생일 케이크 쿠키. 모두 '엘레니스'에서 구입. (5) 곰 초콜릿 2종. 샌프란시스코의 유기농 슈퍼마켓에서 구입. 백곰은 화이트 초콜릿, 회색곰은 딸기 초콜릿. (6) 러시아에서 구입. 동화의 삽화 같은 쿠키 상자. (7) 붕붕거리는 '엘레니스'의 벌 쿠키. (8) 민트 맛 사탕. 스웨덴 사람들은 사탕을 좋아하는 모양이다.

Swedish milk

Russian milk

우유 자체는 달콤하지 않지만 포장이 달콤해서 여기에 소개한다. 上·스웨덴의 유제품 제조업체 '알라Arla'의 줄무늬 포장. 파랑과 노랑은 국가색. 下·러시아의 하바로프스크에서 발견한 물방울무늬 포장. 주전자가 연상되는 디자인이 미치도록 귀엽다. 최고다. 하라쇼!

KHABAROVSK
AUG.

스·위·티

달다. 단 것. 달콤하다. 과자에 관련된 단어의 달디단 분위기가 좋다.
폭신폭신한 마시멜로나 거품이 가득한 크림의 꿈꾸는 듯한 빛깔도,
선명한 빨강이나 초록의 인공적인 색도 매력적이다.
하지만 과자를 너무너무 좋아하는 것은 아니다.
아침에 먹는 맛있는 빵이나 팬케이크, 도넛은 잠이 깨는 느낌이 들어서 좋아하지만
('정신이 번쩍 든다'는 표현이 어울릴 것이다)
케이크나 쿠키는 그다지 먹지 못한다(양도, 횟수도).
초콜릿도 그렇다. 아, 푸딩은 다르지만!
맛보다는 장식이나 포장에 끌리는 경우가 많아서
장난감 모양 과자라든가 여자아이 캐릭터의 코코아라든가 하는
달콤한 것들을 이렇게나 모으고 말았다.
이토록 겉모습에 약한 나를 부디 너그러이 이해해주기를.

TAIPEI
JAN.

Tea time

대만식으로 차를 즐기는 방법

热茶 rè chá

あついお茶

타이페이의 다예관에 놓여 있던 윤기 없는 주전자. 안에는 진한 차가 담겨 있다. 주전자가 낡았는지 아닌지는 모르겠다. 하지만 뭐, 상관없다.
타이페이에는 마음이 편해지는 다예관이 여러 군데 있어 한적하고 느긋하게 차를 즐길 수 있다. 그곳에서만 시간이 다르게 흐르는 느낌이다.

沏茶 qì chá

お茶をいれる

我要吃了 wǒ yào chīle

いただきます

上 · 그릇에 찻잎을 바로 넣고 뜨거운 물을 부어서 잎이 퍼지면 잔에 옮겨 마시는 간단한 방법도 있다.
下 · '심원다장沁園茶莊'의 구석. 여기에서 구입한 차는 모두 맛있었다. 낡은 찻주전자나 찻잔도 취급하고 있다.

물을 끓이고(보글보글 물이 끓는 소리) 차통을 열어서(향기로운 냄새)
작은 주전자의 뚜껑을 열고 빳빳한 찻잎을 넣는다.
끓인 물을 쪼르륵 따르고 뚜껑을 덮은 후에
주전자 위에도 끓인 물을 쪼르륵 끼얹는다.
그리고 잠시만 뜸을 들인다.
중국차를 달이는 순서는 이런 식으로 느긋하게, 그리고 조용하게 진행된다.
이렇게 달인 차는 매우 맛있다.
차를 마실 때는 맛뿐만 아니라 차를 마시는 '시간'도 함께 음미하는 것이 중요하다.
전부 마시고 나면 찻잔에 코를 대고 킁킁 냄새를 맡아보자.
매우 좋은 냄새가 나기 때문이다. 언제까지나 맡고 싶을 정도로 유혹적인 냄새.
마지막 즐거움은 주전자 안에 있다. 뚜껑을 열어보자.
활짝 퍼진 보드라운 찻잎은 의외로 아름답다.
이렇게 해서 차의 여운에 '안녕'을 고하면 대만식으로 차를 즐기는 시간이 끝이 난다.

好
吃 *hǎo chī*

お い し い

寂靜 jìjìng
しずか

流时逝間 shíjiān liúshì
時が流れる

p.100 左 · 자, 또 한 잔 어떨까.
p.100 右上 · 분홍 꽃이 핀 타이페이의 뒷골목.
p.100 右下 · 달콤한 과자도 차를 마시는 시간의 소중한 친구.
上 · 사이좋은 의자. 타이페이의 '화창다장和昌茶莊'에서.
下 · 동양풍으로 식물을 장식하는 방법. 현대적이다.

비 오는 날 아침.
침대에서 일어나 잠옷 차림으로 커피를 쪼르륵 따르고
주방 의자에 앉아 창 밖의 잔뜩 흐린 하늘을 바라보며 커피를 마시고 있으면
영국에 있는 듯한 착각에 빠질 때가 있다.
공교로운 날씨 탓인지 커피 탓인지 모르겠지만…….
(지금은 영국에서도 맛있는 커피를 먹을 수 있지만 얼마 전까지만 해도 영국에서 커피는 어쩔 수 없이 마시는 음료였다. 어찌나 맛이 없던지 아직도 그 기억이 머리를 떠나지 않는다)
하지만 맛없는 커피도, 우울한 날씨도 전혀 싫지 않다.
오히려 아주 좋다. 비뚤어진 걸까? 영국인을 닮은 걸까?
그렇다고 해도 좋다.

구불구불 구부러진 길, 소박한 분위기, 트위드처럼 촌스러운 느낌.
영국에는 내가 좋아하는 것들이 가득하다.
(아무래도 맛없는 커피는 조만간 사라질 듯하지만)
나무와 잔디뿐인 공원을 묵묵히 걷는 것도 좋고, 2층 버스에서 경치를 바라보는 것도 좋다.
우아한 모자를 쓴 할머니도, 갈색 포트도,
그리고 으음, 고백하자. 찰스 왕세자(!)도 좋다.

비와 커피에 LOVE & PEACE.
너무나 좋아하는 영국에 LOVE & PEACE, PLEASE! PLEASE! PLEASE!

U.K.

런던 '더 웨스트번 호텔The Westbourne Hotel'의 방에서. 페트병 위에 놓인 왕관은 엽서.

스코틀랜드 일기

'영국', 즉 'United Kingdom Of Great Britain And Northern Ireland'는 잉글랜드, 웨일즈, 스코틀랜드, 그리고 북아일랜드라는 4개국으로 이루어져 있다. 다음은 2001년 9월, 미국에서 9.11테러가 일어난 직후에 방문한 스코틀랜드에서 쓴 일기다.

9월 17일 맑음

코펜하겐을 경유하여 스코틀랜드 에든버러로. 테러 사건의 영향인지 비행기가 한 시간가량 연착하여 밤 9시 반에 도착했다. 공항에서 택시를 타고 호텔로 향했다. 일단 늦는다고 연락해두었지만 제대로 뜻이 통했는지 불안했다. 8년 만의 에든버러. 어딘가 낯익은 길을 지나 호텔에 도착했다. 호텔이라고 해도 고급 민박이라는 느낌. 게다가 방이 몹시 좁았다. 마음에는 들지 않았지만, 너무 피곤해서 불평하기도 귀찮았다. 샤워를 하고 얼른 침대에 누웠다. 텔레비전을 보니 테러 사건에 관한 보도가 계속 이어졌다. 가슴이 아팠다.

9월 18일 맑은 후에 흐림

아침 8시 기상. 물소리가 들리기에 비가 오는 줄 알았더니 아무래도 배수관 소리였던 모양이다. 맙소사. 창 밖을 보니 뒤뜰인지 빨랫줄과 수국이 보였다. 편안한 느낌이 더해졌다. 아침은 영국식 아침식사 세트. 소시지, 베이컨, 노른자가 탱글탱글한 계란 프라이, 구운 버섯과 토마토, 감자 케이크. 거기에 얇고 바삭바삭한 토스트와 홍차. 토스트가 특히 맛있었다. 건너편에 앉은 남자는 나이프와 포크를 사용해서 우아하게 토스트를 먹고 있었다. 마지막 날에 머물 호텔을 미리 살펴볼 겸 거리를 걸어보았다. 일단 걷기 시작했더니 멈춰지지 않아서 구석진 곳에 있는 홀리루드 언덕까지 오르고 말았다(언덕이라고 해도 제법 높다. 낮은 산이라는 느낌). 예전에 왔을 때 오르지 못해서 이번에는 꼭 오르고 싶었다. 이 언덕은 생각보다도 경사가 심했다. 하지만 묵묵히 올랐다. 사방이 조용했다. 모자를 깊숙이 눌러 쓰고 있으니 귓가에서 바람소리가 들렸다. 언덕 위에는 싱싱한 풀과 시든 풀이 뒤섞인 아름다운 초원이 펼쳐져 있었다. 양팔을 크게 벌리고 뛰어내려가고 싶은 충동에 사로잡혔지만 넘어질 게 뻔해서 포기했다. '막스 & 스펜서Max & Spencer'와 서점에 들른 후에 호텔로 돌아왔다. 서점에서는 요리책을 세 권 샀다. 이 중 한 권은 N 선생에게 선물할 작정이다. 조금 일찍 침대에 누웠다. 아직 9시. 캔디를 사랑한 안소니를 만나지 못한 것이 마음에 걸린다(거짓말!). 그나저나 손님이 많은지 방은 바꿔줄 수 없는 모양이다. 칫.

HOLYROOD PARK:
EDINBURGH

9월 19일 맑은 후에 흐리고 비

아침에 일어나니 왠지 몸이 좋지 않았다. 감기에 걸린 것 같다. 요즘은 자주 감기에 걸린다. 몸이 약해졌나 보다. 아침식사를 하고 우체국에 갔다. 책을 무사히 발송하고 나니 마음이 놓였다(우체국은 항상 긴장이 되는 장소다). 방에 돌아와서 침대에 엎드린 채 집에서 가져온 책(《인도 야상곡》)을 읽었다. 워낙 재미가 있어서 읽다 보니 순식간에 점심시간이 되고 말았다. 원래는 식물원과 동물원에 가려고 했지만 두 곳을 모두 갈 수는 없을 것 같았다. 가이드북을 보니 에든버러 동물원에는 세계적(!)으로 유명한 '펭귄 퍼레이드'가 있다고 하기에 동물원에 가기로 했다. 버스에서 비수기 티켓을 저렴하게 사서 동물원으로 출발. 버스를 타고 멍하니 풍경만 구경하고 있다가 아슬아슬하게 내렸다. 에든버러 동물원은 매우 넓은데다가 풀과 나무가 가득해서 식물원도 겸하고 있는 듯한 느낌이 들었다. 동물들은 모두 조용히 있었다. 역시 원내의 메인 이벤트답게 펭귄 퍼레이드 개시 시각인 오후 2시가 가까워져 오자 여기저기에서 사람들이 몰려들었다. 펭귄 우리 앞에 있는 광장을 20마리 정도의 펭귄이 일주하는 동안 훈훈한 분위기가 감돌았지만, 멈춰 서서 대열을 흩뜨리는 펭귄이 있으면 가차 없이 야유가 퍼부어졌다. 역시 축구의 나라.

동물원 맞은편 술집에서 늦은 점심을 먹으려고 했더니 밀가루 메뉴가 이미 떨어졌다고 했다. 주변에 다른 가게도 없어서 '기네스Guinness' 맥주를 반 파인트만 마시기로 했다. 계속해서 비틀즈의 음악이 흘러서 'Hello Goodbye' 등을 들으면서 여유롭게 맥주를 마셨다. 두둥실 떠 있는 기분이 들었다. 버스에서 본 공원을 가로질러서 돌아가려고 했더니 그곳은 무려 골프장……. 하지만 역시 영국이었다. 구석에 산책할 수 있는 보도가 마련되어 있었다. 산책을 즐기고 있는 사람과 스쳐 지나갔다. 살짝 인사를 했다. 도중에 비가 내리기에 금방 그치겠지 하고 가볍게 생각했더니 갑자기 억수같이 쏟아졌다. 그 와중에 길도 잃어버려서 주택가로 흘러들었다. 대체 어디가 어디인지 알 수가 없었다. 난감한 상황이었지만 왠지 즐겁기도 했다. 그럭저럭 버스 정류장을 찾아서 버스를 탔다. 창 밖으로 보이는 비 오는 거리의 풍경. 처음으로 영국에 있다는 사실을 실감했다. 신기한 느낌이었다. 호텔로 돌아와서 옷을 갈아입은 다음에 등려군과 쿨 파이브의 곡이 흐르는 근처의 중화요리점에서 저녁식사를 했다. 뜨끈하고 시큼한 스프(정말 맛있다!)와 야키소바를 먹었다. 야키소바는 양이 너무 많아서 반 이상 남기고 말았다. 배가 너무 불러서 산책을 했다. 밤이 되자 열이 나는지 좀처럼 잠이 오지 않았다. 차가운 시트를 이마에 붙이고 눈을 감아보기로 했다.

EDINBURGH ZOO
SEP. penguin parade

9월 20일 흐린 후에 비

아침 8시 반 기상. 컨디션은 좋았다. 토스트도 여전히 맛있었다. 오늘은 기차를 타고 글래스고에 가보고 싶었다. 역에서 글래스고행 왕복 티켓을 샀다(돌아오는 시간을 오후 6시 이후로 하면 할인이 된다기에 그러기로 했다).
한 시간도 채 되지 않아 글래스고역에 도착했다. 글래스고역까지 가는 동안의 풍경이 마음에 들어서 충동적으로 하일랜드의 크리안라리크 Crianlarich 까지 가는 차표를 사버렸다. 차라도 마시고 돌아오려는 꿍꿍이였다. 역 근처의 '막스 & 스펜서'에 들러서 샐러드와 치즈 샌드위치, 망고와 사과주스를 점심으로 사두었다. 자, 출발.
기차가 움직이기 시작하자 금세 경치가 달라졌다. 풍경이 지극히 단순해졌다. 하늘과 산과 나무와 풀. 때때로 호수. 때때로 양. 덜거덕거리는 기차의 리듬에 맞추어 세상이 움직였다. 선로를 따라 자란 풀도 파도처럼 크게, 그리고 우아하게 흔들렸다. 가만히 바라보고 있으면 최면에 걸릴 것 같았다. 기차가 앞으로 나아갈수록 하일랜드의 풍경은 더욱더 단순해지고 말았다. 문득 제 시간에 돌아갈 수 있을까 하는 불안이 밀려왔다. 돌아가는 기차를 제대로 탈 수 있을까. 내가 향하고 있는 역은 대체 어떤 곳일까. '걱정'이 뭉게뭉게 피어올랐다. 하지만 이런 걱정을 비웃기나 하듯이 역에서는 마침 글래스고역으로 돌아가는 상행선 기차가 손님을 기다리고 있었다. 겨우 한숨을 돌리고 기차에서 내리자마자 맞은편에 정차하고 있던 상행선 기차로 갈아탔다. 완전히 이상한 관광객이 된 기분이었다. 환승에 대한 불안이 사라진 덕분인지 돌아올 때는 한적하게 풍경을 구경할 수 있었다. 참으로 평화로운 시간이었다. 내일은 호텔 이동일.

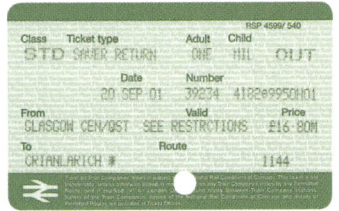

From GLASGOW
To   CRIANLARICH
20 SEP.

Fish & Chips
"Central"

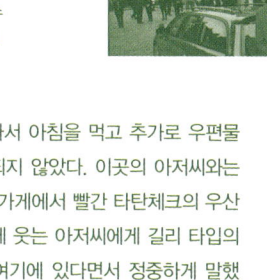

GLASSMARKET :
EDINBURGH
댄스 페스티벌에 온 찰스
왕세자(!)를 우연히 목격.
까악.

9월 21일 흐린 후에 비

다시 날씨가 나빠졌다. 역시 영국답다. 체크아웃이 10시라서 아침을 먹고 추가로 우편물을 보내러 우체국에 갔다. 두 번째로 가니 별로 긴장이 되지 않았다. 이곳의 아저씨와는 의사소통도 원활하니까. 돌아오는 길에 마음에 드는 퀼트 가게에서 빨간 타탄체크의 우산을 샀다. "오늘은 우산이 꼭 필요한 날이죠"라며 넉살 좋게 웃는 아저씨에게 길리 타입의 댄스슈즈는 어디에서 살 수 있는지 물어보았다. 그러자 여기에 있다면서 정중하게 말했다. "저를 따라오세요, 아가씨"라고('아가씨' 라는 부분은 거짓말이다). 아저씨를 따라 지하로 내려가 보니 맞춤 가게가 마련되어 있었다. 타탄 원단과 퀼트가 가득 진열되어 있는 모습을 곁눈질하며 타탄체크무늬 의자에 앉아서 댄스슈즈 사이즈를 확인했다. 나에게는 아동용이 맞았다. 헉. 물론 즉시 샀다.
체크아웃을 하고 나서 '에이펙스 인터내셔널 호텔Apex International Hotel'로 이동. 예약할 때 "창문이 없습니다"라는 소리를 들었기 때문에 전전긍긍하고 있었지만, 막상 이동하고 보니 경치는 좋지 않아도 창문이 있어서 안심했다. 그 후 쇼핑을 하러 거리로 나갔다. 우선 교회의 기념품 가게에서 양이 그려진 손수건과 가방을 선물용으로 한가득 구매해서, 선량한 할머니 두 분을 "어머나, 저런"이라고 놀라게 했다. 일본인은 양을 무척이나 좋아하는 모양이라고 생각했을 것이다. 퀼트 공장에서 타탄체크 원단을 사고 애완동물을 후원하는 서점에서 고서를 사고 살롱드테에서 홍차를 샀다. 그리고 티룸에서 홀짝홀짝 홍차를 마시면서 한숨을 돌렸다. 잠시 영국적인 분위기에 취했다.
호텔로 돌아와서 짐을 맡기고 가까운 해변에 있는 덴버라는 마을로 가기로 했다. 출발 시간이 다 되어 기차에 올라탔다. 15분 만에 싱겁게 덴버에 도착. 한 시간만 있으면 일주할 수 있을 정도로 작은 항구 도시였다. 한동안 걷고 나서는 할 일이 없어져서 술집에서 '기네스 맥주'라도 마시면서 시간을 때우려고 했다. 하지만 들어갈 만한 술집을 찾지 못했다. 할 수 없이 다시 한 번 마을을 어슬렁거리다가 많은 사람이 모인 가게를 발견했다. 살짝 들여다보니 피시 & 칩스 가게라서 얼른 들어가보았다. 겉은 바삭바삭하고 안은 부드러운 피시 & 칩스가 정말 맛있었다. 맥아초를 뿌리니 더욱 맛있었다. 테이블에 놓여 있던 명함을 보니 올해의 '프라이드 피시'라는 상을 받았다고 한다. 이런 행운이!
호텔로 돌아갈 시간이 다가와서 역으로 향했다. 휘파람을 부는 아저씨를 뒤따라 역까지 걸었다. 하멜른의 피리 부는 사나이를 따라가는 아이처럼. 호텔에 도착하자 어둑어둑해졌다. 짐을 꾸리고 셔츠를 다린 다음에 침대에 누웠다. 내일은 5시 기상. 일어날 수 있으려나.

V 110

OSLO SEP.

Q2 : 이것이 무엇일까?

Jämtländsk tumnbrödskaka, bakad av Örjan Andrée. Foto Birgit Jansson. © Jamtli/Jämtlands läns museum

Tryckeribolaget Östersund AB

A2 : 스웨덴의 전통 빵이다. 빵 모양이 그대로 엽서가 되었다.

Very

우체국에 대한 '순수very' 한 생각이란?

우체국에 대해 나는 매우 복잡한 감정을 가지고 있다. 몹시 마음에 드는 장소인 동시에 몹시 긴장이 되는 장소이기 때문이다. '긴장' 이라는 단어에는 '공포' 라는 의미도 포함되어 있다. 파리의 우체국에서 엄청나게 고생한 적이 있기 때문이다(내가 파리를 싫어하게 된 데는 이때 만난 심술궂은 우체국 직원의 영향이 크다). 국제 우편 소포를 보내려면 서류에 여러 가지 사항을 기입해야 하는데 언어가 통하지 않는 경우에는 이 일이 번거로울 수밖에 없다. 익숙해지면 간단한 일이라도 처음에는 어렵다. 게다가 내용을 이해하는 데 시간이 걸려서 뒤에 줄이 길게 늘어서면 더욱 초조해진다. 그래서 언제나 살짝 무섭다. 그런데도 역시 우체국이 좋다(도장을 좋아하니까). 필요하다고 느끼고 있고 실제로 도움도 받고 있다. 그러므로 감정이 복잡한 것이다.

Windows

훔쳐보기

자꾸만 타인의 생활에 관심이 간다. 흥미진진하다. 그래서 훔쳐본다. 하지만 진짜로 훔쳐보는 것은 아니다.
(하늘에 맹세)
창문을 보고 이런저런 상상을 할 뿐이다. 이런 화분을 장식한 사람은 방을 어떻게 꾸몄을까 하고.
이런 취미, 조금 별난 걸까.

X 해서는 안 되는 일

 애매한 태도를 취한다

'예스'와 '노'를 분명히 표현한다. 외국에서는 말하지 않아도 안다는
안이한 생각이 통하지 않는다.

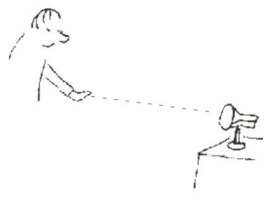

 멋대로 물건에 손댄다

살 마음도 없으면서 함부로 물건을 만지는 것은 좋지 않은 습관이다.
자세히 살펴보고 싶을 때는 점원에게 양해를 구한다.

 스파게티를 마음대로 주문한다

외국에서 스파게티를 주문하는 것은 위험한 일이다. 면발이 너무 길거나 맛이 없는 경우가 많다.
프랑스에서는 특히 조심해야 한다.

 술에 취한 상태에서 짐을 꾸린다

창피하지만 술에 취해서 짐을 꾸렸다가 된통 당한 경험이 있다. 정작 필요한 물건은 없는데다가
양말도 한쪽만 있어서 상당히 곤란했다.

LONDON
OCT.

여행에는 다양한 '식사 스타일'이 있다(이를 '냠냠 상황'이라 부르기로 하자). 예컨대 여럿이 '맛있는 음식을 먹자!'라고 의욕을 불태우는 여행이라면 사전에 레스토랑 정보를 확인하고 예약을 한 다음, 한껏 치장하고 나설 수 있다. 하지만 문제는 혼자 하는 여행. 행선지에 지인도 없을 때는 어쩔 수 없이 '혼자만의 식사'를 해야 한다(누군가와 만나게 된다면 몰라도♡).

다양한 냠냠 상황

앞 페이지는 런던의 스피털필드 마켓 부근의 스프 가게. 위의 사진 속에 있는 스프 그릇 무늬의 명함이 있는 가게다. 마음에 든 레스토랑의 명함이나 영수증을 간직하면 그 장소에 다시 갈 때 도움이 된다. '냠냠 상황'을 혼자서 즐기는 경우 가게의 정보는 특히 중요. 이전에 간 적이 있는 가게라면 부담 없이 들어갈 수 있으므로 편하다. 재미있는 디자인의 명함을 모아두면 여행의 추억도 되고 즐거울 것이다.

혼자만의 식사는 쓸쓸하다. 저녁식사는 특히 그렇다. 혼자서 레스토랑에 들어가기 위해서는 용기가 필요하다. 식사하는 시간이 아깝게 느껴지기도 한다. 그럴 때는 식료품 가게에서 음식과 와인을 사 들고 호텔에 와서 텔레비전을 보며 저녁을 먹어도 좋다. 하지만 이 방법도 한계가 있다. 소박한 호텔이라면 역효과가 나기도 한다. 음식 냄새도 방에 남고. 그래서 혼자서라도 밖에서 먹는 것을 추천하고 싶다. 후각을 이용해서 먹음직한 음식을 찾아보기 바란다. 처음에는 어려워도 분명히 익숙해질 것이다.

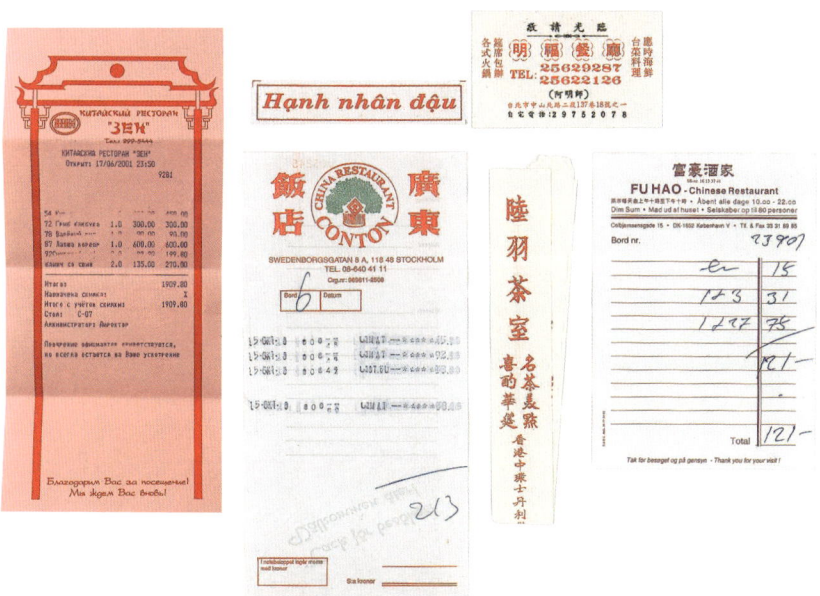

이 책을 만들기 위해 영수증들을 정리하다 보니 차이니즈 레스토랑의 영수증이 제법 많았다. 내가 중화요리를 엄청나게 좋아하기 때문이기도 하지만, 나 홀로 여행을 하면서 간단히 들어갈 수 있는 음식점이기 때문이기도 하다. 메뉴판도 이해하기 쉽고 맛도 친숙해서 안심이 되니 여러 모로 고맙다. 세계 어디를 가도 차이니즈 레스토랑이 있기 때문에(아무리 시골이라도 한 곳이 있다) '중국인은 무시무시하구나'라고 느끼고는 하지만 정말로 도움이 되는 것은 사실이다. 고맙다. 씨에씨에.

Z 123

EDINBURGH
SEP.

Zoo

p.122 · 펭귄과 빨강머리 아이. 上 · 에든버러 동물원 정원의 문. 직원만 출입할 수 있다. 마치 성역처럼 느껴진다. p.125 · 사이좋은 기린

Z 125　　　　　　　　　　　　　　　　　　EDINBURGH
　　　　　　　　　　　　　　　　　　　　SEP.

가끔 동물원에 가고 싶어진다.
평일 오후. 비 오는 날. 눈 내리는 날.
사람이 별로 없는 고요한 동물원에서 시간을 들여 천천히 걸어보고 싶다.

왠지 침울하거나 우울할 때.
동물원에 가고 싶은 것은 어김없이 그렇게 눈물이 날 듯한 때다.

동물원은 즐거운 장소가 아니다.
굳이 말하자면 호젓한 장소라고 할 수 있다.
그렇기 때문에 가고 싶다.

고등학교 수업을 빼먹고 동물원에 간 적이 있다.
코끼리도 기린도 없는 시골의 작은 동물원.
그 대신에 가엾은 악어가 있었다. 갑자기 그 악어가 보고 싶어졌다.
닭(희귀종이 아니다)과 거북이(역시 흔한 종류다) 옆에 있는,
그저 제 몸 크기만한 함석 수조 속에 가엾은 악어는 살고 있었다.
마치 박제처럼.
펄쩍 몸을 뒤집거나 빙빙 꼬리를 휘두를 수도 없었다.
가만히 있고 싶을 때도 있겠지만, 마음껏 움직이고 싶을 때도 있었을 텐데.

가엾은 악어의 등에는 그물 틈에서 떨어진 작은 돌이 놓여 있었다.
그 작은 돌은 악어가 죽을 때까지 그대로 등 위에 자리하고 있을 것이다.
그런 생각을 하면 가슴이 아프다.
그 악어의 모습은 지금도 종종 떠오른다.

동물원은 잔인한 곳이라고도 할 수 있다.
공허한 눈을 한 낙타나 고통스러워하는 곰을 보는 것은 슬프다.
그래도 가보고 싶어진다. 때때로. 무턱대고.

어째서인지는 모르겠다.
갇힌 공간 속에서 평화로이 낮잠을 자는 코뿔소 가족이라든가
활기차게 헤엄을 치는 백곰이라든가
촐랑촐랑 걸어다니는 펭귄을 그저 가만히 바라보고 싶다.
이런 기분이 드는 이유는 무엇일까?

마음의 피난처이기 때문일까?
자신의 감정을 있는 그대로 받아들이는 장소이기 때문인지도 모른다.

동물원이란 그런 장소다. 나에게.

SAN FRANCISCO
MAR.

Land Land Land---------

여행을 마치고 돌아오면 오즈의 마법사에 나오는 도로시처럼 생각한다.
'역시 집이 최고야.'
하지만 조금만 지나면 '여행 벌레'가 온몸을 꿈틀꿈틀 기어다닌다.
그러면 영화나 사진집을 보고 이미지 트레이닝을 시작한다.
그렇게 해서 다시 여행을 떠나고 만다. 질리지도 않는지.

오카오 미요코

독자적인 세계관으로 패션에서 잡화에 이르기까지 폭넓은 분야에서 활동하는 인기 스타일리스트. 감성적이고 사랑스러운 그녀의 폴라로이드 사진은 트렌드세터들의 꾸준한 사랑을 받고 있다. 도쿄의 바쁜 일상 속에서 삶에 대한 열정이 희미해질 때 전 세계를 여행하며 재충전의 시간을 갖는 그녀는 북유럽의 단순하지만 풍요로운 문화에 매료되었다. 저서로는 《Room talk》,《Zakka Book》,《Manufactures》등이 있다. 스타일리스트 오모리 요코와 공동으로 《Fedor》를 썼다.

thanks to: 스칸디나비아 항공

editorial staff:
art direction & design: Mika Noguchi (miranda)
editor: Akari Matsuura / Koko Tashima
photographer: Miyoko Okao / Shigeo Gomi
illustration: Yoshiko Honda (miranda)

Land Land Land

Appendix

마음에 드는 장소
- 코니아일랜드, 브루클린 -

《세계의 부엌 - 뉴욕을 먹고 걷는다》의 저자인 마쓰오 유키 씨가 알려준 코니아일랜드. 브루클린 남단에 위치해 있다. 바닷가에는 산책로가 있어서 한가롭게 거닐 수 있다. 근방의 브라이튼 비치 애비뉴는 볼쇼이 분위기의 러시아 인 거리로 러시아 식료품을 풍부하게 갖추고 있다.

행복

−헬싱키 교외, 핀란드−

차를 타고 평범한 시골길을 달리다가 하얀 꽃이 가득한 나무가 있어서 차를 멈추었다. 잠시 걸으니 노부부가 정원을 손질하는 모습이 연상되는 멋진 집이 있었다. 더 자세히 보려고 문 앞에 서자 등에 시선이 느껴졌다. 뒤돌아보니 갈색 말이 나를 바라보고 있었다. 고작 이 정도로밖에 표현할 수 없지만 날씨가 화창하고 노란 꽃이 만발해서 문득 행복을 느꼈던 기억이 난다.

아침을 먹는 곳
-어느 마을에서나-

여행지에서 머문 호텔의 정해진 아침식사에 질렸다면 밖으로 나가보면 어떨까? 끌리는 가게가 있다면 용기를 내서 문을 열어보기 바란다. 맛있는 냄새가 나고 활기가 넘친다면 정답이라고 할 수 있다. 만약 분위기가 잔뜩 흐리다면 그대로 문을 닫기 바란다. '매일 아침 여기에서 식사하고 싶다' 라는 느낌이 드는 가게를 만났다면 상당히 운이 좋은 경우다.

비행기의 이동시간
－비행기 안－

비행기가 아무리 좋아도 장시간 이동하면 솔직히 지친다. 잠을 푹 자면 순식간에 목적지에 도착하지만 그렇지 않으면 남아도는 시간을 주체하지 못하게 된다. 이때는 잠을 자려고 안달하기보다는 다른 일을 하는 쪽이 편하다. 영화를 보거나 가이드북을 읽거나 쇼핑 계획을 짜거나. 그러고 보니 같은 영화를 반복해서 다섯 번이나 보았다는 고수(?)도 있었다.

세계 최고의 미소
-베를린, 독일-

와, 귀여워. 지그시 보아도, 불시에 눈이 마주쳐도 역시 귀엽다고 느끼게 되는 사랑스러운 미소의 소유자는 '미스 베를린'이다. 베어(곰), 베어린, 베를린……이라는 시시한 말장난 때문인지 곰은 베를린을 상징하는 동물이 되었다. 어디를 가도 곰이 있다. 하지만 가장 귀여운 곰은 이 아이다. (단언) 선물 가게에서 기다리고 있다.

작은 새
-여기는 어디였을까-

카페에서 차를 마시고 있는데 발밑에 떨어진 빵 부스러기를 노리는 작은 새가 다가와서 기뻤다. p.15에 소개했듯이 사람을 따르는 고양이가 달려왔을 때도 기뻤다. 런던의 호텔에서 고양이가 방에 놀러 왔을 때도 역시 기뻤다(그 녀석은 태연한 얼굴로 엘리베이터에까지 올라타는 대단한 고양이였다). '나 홀로 여행'에서는 이 녀석들이 외로움을 달래준다. 고맙다.

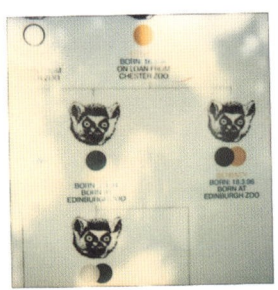

동물원
− 에든버러, 스코틀랜드 −

Z의 항목에서 소개한 에든버러 동물원에서 또 하나 흥미를 느낀 것은 호랑이꼬리여우원숭이의 가계도였다. 하나같이 똑같은 놀란 얼굴이라서 웃음이 터지고 말았다. 진지하게 만들었겠지만 얼굴을 똑같이 그리면 굳이 가계도를 만든 의미가 없지 않은가. 나중에 호랑이꼬리여우원숭이를 관찰해보니 실제로도 누가 누구인지 전혀 알 수 없었지만. 금방 도망쳐버리기도 하고.

에코 트래블
－언제 어디서나－

일본이라면 저렴한 호텔에도 양치 세트가 제공되지만 외국 호텔에서는 거의 제공되지 않는다. 대부분 비누와 샴푸(린스는 없다), 바디 클렌저 정도를 제공한다. 아니, 여기서 하고 싶은 말은 양치 세트가 준비되어 있다거나 그렇지 않다거나 하는 이야기가 아니다. 자신이 평소 사용하는 용품을 가지고 가면 쓸데없는 쓰레기를 만들지 않아도 된다는 이야기다. 에코 트래블을 즐기자.

Epilogue

좋은 여행이 되기를

스타벅스에 앉아서 뜨거운 커피를 호호 불고 있었더니 유리창 너머로 눈을 반짝이는 외국인 남자가 트렁크를 끌면서 지나갔다.

여행하나? 혼자 왔나? 일순간이었지만 두리번거리는 모습에서 즐거운 기분이 그대로 전해졌다. 왠지 나도 즐거워졌다. 나에게는 별다르지 않은 평범한 풍경도 그에게는 신선하게 보였던 모양이다.

아, 그렇구나. 그래. 이것이 여행의 기분이다. 처음으로 가는 거리. 처음으로 보는 길. 무슨 뜻인지 도통 알 수 없는 간판을 곁눈질하며 신중하게, 그러나 활기차게 걷는다. 눈앞에는 신선하고도 낯선 세계가 기다리고 있다. 말, 소리, 냄새(남쪽 섬에는 달콤한 꽃향기가 난다), 바람, 오감에 기대어 조금씩 더듬으면서 걷는다. 그렇게 해서 새로운 거리를 나름대로 이해한다.

오늘 도쿄는 따뜻하고 화창하다. 첫날이 이런 날씨라니 그는 행운이다. 잔뜩 흐려서 축축한 비가 내리고 있는 날을 상상해보기 바란다. 트렁크를 끌면서 모르는 길을 걷다 보면 불안하고 두려워져서 주위사람이 모두 나쁜 사람으로 보일지도 모른다(그러므로 날씨가 좋지 않거나 해가 저물었다면 호텔에 전송을 부탁하거나 택시로 이동하기 바란다). 물론 기분 좋은 날이라면 길을 헤매지 않는 한 쓸데없이 불안해하지 않아도 된다.

곰곰이 나의 여행과 그의 여행(물론 상상이지만)을 비교해보니 이런저런 추억이 떠오른다. 한가로운 여행, 대자연 여행, 힘겨운 여행, 카레 여행, 쇼핑 여행……. 최근 가장 강렬한 인상을 받은 것은 미국의 벽촌에서 '마녀의 여관'('점쟁이의 여관'이라고 해도 좋다)처럼 보이는 임대 주택에 머물렀던 여행이다(이는 '무서운 여행' 카테고리에 넣어둔다). 어째서 그렇게 되어버린 걸까. 어째서!
예상치 못한 사건이 기다리고 있기 때문에 여행은 재미있다. 맞다. 여행은 재미있고 자유롭고 고독하고 신선하고 무섭고 흥분된다. 자신이 있는 자리를 다시 확인시켜주기도 한다.
이름 모를 그 남자의 여행이 좋은 여행이 되기를 빈다.
더불어 당신의 여행도 부디 좋은 여행이 되기를.

화창한 봄날에

오카오 미요코

LAND LAND LAND - TABI SURU A TO Z
by OKAO Miyoko

Copyright ⓒ 2002 OKAO Miyoko
All right reserved.
Originally published in Japan by CHIKUMASHOBO LTD., Tokyo.
Korean translation rights arranged with
CHIKUMASHOBO LTD., Japan
through THE SAKAI AGENCY and BC Agency

이 책의 한국어판 저작권은 BC 에이전시를 통한
저작권자와의 독점 계약으로 디자인이음에 있습니다. 저작권법에 의해
한국 내에서 보호를 받는 저작물이므로 무단전재와 복제를 금합니다.

1판 1쇄 발행 2010년 7월 17일
2판 1쇄 발행 2022년 2월 1일

지은이	오카오 미요코
옮긴이	이서연
발행인	이상영
편집장	서상민
편집인	이상영
디자인	서상민
마케터	박진솔
교정교열	이정미
인쇄	피앤엠123
펴낸곳	디자인이음
등록일	2009년 2월 4일 : 제 300-2009-10호
주소	서울시 종로구 자하문로24길 20 501호
전화	02-723-2556
이메일	designeum@naver.com
블로그	blog.naver.com/designeum
인스타그램	instagram.com/design_eum

ISBN 979-11-92066-06-6 03980
값 13,000원